LA MAISON DE SILVIE.

PAR THEOPHILE.

M. DC. XXIIII.

LA
MAISON
DE SILVIE.

PAR THEOPHILE.

ODE I.

POur laisser auant que mourir
Les traits viuãs d'vne peinture,
Qui ne puisse iamais perir
Qu'en la perte de la Nature,
Ie passe des crayons dorez
Sur les lieux les plus reuerez,
Où la Vertu se refugie,
Et dont le port me fut ouuert
Pour mettre ma teste à couuert
Quand on brusla mon effigie.

II.

Tout le monde a dit qu'Apollon
Fauorise qui le reclame,
Et qu'auec l'eau de son valon
Le sçauoir peut couler dans l'ame:
Mais i'estouffe ce vieil abus,
Et banis desormais Phœbus
De la bouche de nos Poëtes ;
Tous ses Temples sont demolis
Et ses demons enseuelis
Dans des supultures muetes.

III.

Ie ne consacre point mes vers,
A ces idoles effacees
Qui n'ont esté dans l'Vniuers,
Qu'vn faux obiect de nos pensees,
Ces fantosmes n'ont plus de lieu,
Tel qu'on dit auoir esté Dieu,
N'estoit pas seulement vn homme
Le premier qui vit l'Eternel,
Fut cest imprudent criminel
Qui mordit la fatale pomme.

IIII.

Tous ces Dieux de bronze & d'airain
N'ont iamais lancé le Tonnerre,
C'est le dard du Dieu souuerain
Qui crea le Ciel & la Terre,
Hâ! que le Celeste couroux
Estoit bien embrazé sur nous,
Lors qu'il fit parler ces Oracles,
Et que sans destourner nos pas
Il nous vit courir aux appas,
De leur pernicieux miracles.

V.

Satan ne nous fait plus broncher
Dans de si dangereuses toiles,
Le Dieu que nous allons cercher
Loge plus haut que les estoiles,
Nulle Diuinité que luy,
Ne me peut donner auiourd'huy
Ceste flame ou ceste fumee,
Dont nos entendemens espris
S'efforcent à gaigner le prix,
Que merite la renommee.

VI.

Apres luy ie m'en vais loüer
Vn image de Dieu si belle,
Que le Ciel me doit auoüer
Du trauail que ie fay pour elle :
Car apres ses sacrez Autels,
Qui deuant leurs feux immortels
Font aussi prosterner les Anges,
Nous pouuons sans impieté
Flater vne chaste beauté
Du doux encens de nos loüanges.

VII.

Ainsi sous de modestes vœux
Mes vers promettent à Siluie,
Ce bruict charmeur que les neueux
Nomment vne seconde vie?
Que si mes escrits mesprisez
Ne peuuent veoir authorisez,
Les tesmoignages de sa gloire,
Ces eaux, ces rochers & ces bois
Prendront des ames & des voix
Pour en conseruer la memoire.

VIII.

Si quelques arbres renommez
D'vne adoration profane,
Ont esté iadis animez
Des sombres regards de Diane ;
Si les ruisseaux en murmurant
Alloient autrefois discourant,
Au gré d'vn Faune ou d'vne Fee,
Et si la masse du rocher
Se laissa quelquefois toucher
Aux chansons que disoit Orphee,

IX.

Quelle dureté peut auoir
L'obiect que ma Princesse touche,
Qu'elle ne puisse le pourueoir
Tout aussitost d'ame & de bouche ?
Dans ses bastimens orgueilleux
Dans ses promenoirs merueilleux,
Quelle solidité de marbres
Ne pourront penetrer ses yeux,
Qu'elles fontaines & quels arbres
Ne les estimeront des Dieux ?

X.

Les plus durs chefnes entrouuerts
Bien pluftoft de gré que de force,
Peindront pour elle de mes vers
Et leur feuilles & leur escorce,
Et quand ils les auront grauez
Sur leurs fronts les plus releuez;
Je sçay que les plus fiers orages
Ne leur oseront pas toucher,
Et pourront pluftoft arracher
Leur racines & leur ombrages.

XI.

Ie sçay que ces miroirs flotants
Où l'obiect change tant de place,
Pour elle deuenus conftans
Auront vne fidelle glace,
Et sous vn ornement si beau
La surface mefme de l'eau,
Nonobftant fa delicateffe
Gardera feurement encrez
Et mes characteres facrez,
Et les attraits de la Princeffe.

Mais

XII.

Mais sa gloire n'a pas besoin
Que mon seul ouurage en responde,
Le Ciel a desia pris le soin
De la peindre par tout le monde,
Ses yeux sont peints dans le Soleil,
L'Aurore dans son teint vermeil
Void ses autres beautez tracees,
Et rien n'esteindra ses vertus
Que les Cieux ne soient abatus,
Et les estoiles effacees.

ODE II.

VN soir que les flots mariniers
Aprestoient leur molle litiere,
Aux quatre rouges limonniers
Qui sont au ioug de la lumiere,
Ie panchois mes yeux sur le bord
D'vn lict où la Naiade dort,
Et regardant pescher Siluie
Ie voyois battre les poissons
A qui plustost perdroit la vie
En l'honneur de ses hameçons.

II.

D'vne main deffendant le bruiƈt,
Et de l'autre iettant la line,
Elle fait qu'abordant la nuiƈt
Le iour plus bellement decline,
Le Soleil craignoit d'esclairer,
Et craignoit de se retirer,
Les estoiles n'osoient paroistre,
Les flots n'osoient s'entrepousser
Le Zephire n'osoit passer,
L'herbe se retenoit de croistre.

III.

Ses yeux iettoient vn feu dans l'eau,
Ce feu choque l'eau sans la craindre,
Et l'eau trouue ce feu si beau
Qu'elle ne l'oseroit esteindre,
Ses Elemens si furieux
Pour le respeƈt de sesbeaux yeux
Interrompirent leur querelle,
Et de crainte de la fascher
Se virent contraints de cacher
Leur inimitié naturelle.

IIII.

Les Tritons en la regardant
Au trauers leur vitres liquides,
D'abord à cet obiect ardant
Sentent qu'ils ne sont plus humides,
Et par estonnement soudain,
Chacun d'eux dans vn corps de dain,
Cache sa forme despoüillee,
s'estonne de se veoir cornu,
Et comment le poil est venu
Dessus son escaille moüillee.

V.

Souspirant du cruel affront
Qui de Dieux les a faits des bestes,
Et sous les cornes de leur front
A courbé leur honteuses testes,
Ils ont abandonné les eaux
Et dans la riue où les rameaux,
Leur ont fait vn logis si sombre,
Promenant leurs yeux esbais
N'osent plus sier que leur ombre,
A l'estang qui les a trahis.

VI.

On dit que la sœur du Soleil
Euſt ce pouuoir ſur la Nature,
Lors que d'vn changement pareil
Acteon quitta ſa figure,
Ce que fit ſa diuine main,
Pour punir dans vn corps humain,
Sa curioſité profane
S'eſt fait icy contre des Dieux,
Qui n'auoient approché leurs yeux
Que des yeux de noſtre Diane.

VII.

Ces dains que la honte & la peur
Chaſſe des murs & des allées,
Mandiſſent le deſtin trompeur
Des froideurs qu'il leur a volees,
Leur cœur priué d'humidité
Ne peut qu'auec timidité
Voir le Ciel ny fouler la Terre,
Où Siluie en ces promenoirs
Iette l'eſclat de ſes yeux noirs,
Qui leur font encore la guerre.

VIII.

Ils s'estiment heureux pourtant
De prendre l'air qu'elle respire,
Leur destin n'est que trop contant
De voir le iour sous son Empire,
La Princesse qui les charma
Alors qu'elle les transforma,
Les fit estre blancs comme neige,
Et pour consoler leur douleur,
Ils receurent le priuilege
De porter tousiours sa couleur.

IX.

Lors qu'à petits floquons liez
La neige fraischement venuë,
Sur des grands tapis desliez
Espanche l'amas de la nuë,
Lors que sur le chemin des Cieux
Ses grains serrez & gracieux,
N'ont trouué ny vent ny tonnerre,
Et que sur les premiers coupeaux
Loing des hommes & des troupeaux,
Ils ont peint les bois & la terre.

X.

Quelque vigueur que nous ayons
Contre les esclats qu'elle darde,
Ils nous blessent & leurs rayons
Esblouyssent qui les regarde,
Tel dedans ce parc ombrageux
Esclatte le troupeau negeux,
Et dans ses vestemens modestes
Où le front de Siluie est peint,
Fait briller l'esclat de son teint
A l'enuy des neges celestes.

X I.

En la saison que le soleil
Vaincu du froid & de l'orage,
Laisse tant d'heures au sommeil
Et si peu de temps à l'ouurage,
La nege voyant que ces dains
La foulent auec des desdains
S'irrite de leurs bonds superbes,
Et pour affamer ce troupeau
Par despit sous vn froid manteau,
Cache & transit toutes les herbes.

XII.

Mais le parc pour ses nourrissons
Tient assez de creches couuertes,
Que la nege ny les glaçons
Ne trouuerent iamais ouuertes,
Là le plus rigoureux hyuer
Ne les sçauroit iamais priuer,
Ny de loge ny de pasture
Ils y trouuent tousiours du verd,
Qu'vn peu de soing met a couuert
Des outrages de la Nature.

XIII.

Là les faisans & les perdrix
Y fournissent leur compagnies,
Mieux que les hales de Paris
Ne les sçauroient auoir fournies,
Auec elles voit-on manger
Ce que l'air le plus estranger
Nous peut faire venir de rare,
Des oyseaux venus de si loing
Qu'on y void imiter le soing
D'vn grand Roy qui n'est pas auare.

XIIII.

Les animaux les moins priuez,
Aussi bien que les moins sauuages,
Sont esgallement captiuez
Dans ces bois & dans ses riuages,
Le maistre d'vn lieu si plaisant
De l'hyuer le plus malfaisant,
Deffie toutes les malices
A l'abondance de son bien,
Les Elemens ne trouuent rien
Pour luy retrancher ses delices.

ODE III.

D *Ans ce Parc vn valon secret,*
  Tout voilé de ramages sombres,
Ou le Soleil est si discret
Qu'il n'y force iamais les ombres,
Presse d'vn cours si diligent
Les flots de deux ruisseaux d'argent,
Et donne vne fraischeur si viue
A tous les obiects d'alentour,
Que mesme les martirs d'Amour
Y trouuent leur douleur captiue.

Vn

II.

Vn estanc dort là tout au prés,
Où ces fontaines violentes,
Courent, & font du bruit, exprés
Pour esueiller ses vagues lentes,
Luy d'vn maintien maiestueux
Reçoit l'abord impetueux
De ces Naiades vagabondes,
Qui dedans ce large vaisseau
Confondent leur petit ruisseau
Et ne discernent plus ses ondes.

III.

Là Melicerte en vn gazon,
Frais de l'estanc qui l'enuironne
Fait aux Cygnes vne maison
Qui luy sert aussi de couronne,
Si la vague qui bat ses bors
Iamais auecques des thresors
N'arriue à son petit empire
Au moins les vents & les rochers
N'y font point crier les nochers
Dont ils ont brisé les Nauires.

IIII.

Là les oyseaux font leurs petits,
Et n'ont iamais veu leur couuees,
Souler les sanglants appetits
Du serpent qui les a trouuees,
Là n'estend point ses plis mortels
Ce monstre de qui tant d'autels
Ont iadis adoré les charmes
Et qui d'vn gozier gemissant
Fait tomber l'ame du passant
Dedans l'embusche de ses larmes.

V.

Zephyre en chasse les chaleurs,
Rien que les Cygnes ny repaissent
On n'y trouue rien sous les fleurs
Que la fraischeur dont elles naissent,
Le gazon garde quelquefois
Le bandeau, l'arc & le carquois
De mill' amours qui se despoüillent,
A l'ombrage de ses roseaux
Et dans l'humidité des eaux
Trempent leur ieunes corps qui boüillent.

VI.

L'eſtanc leur preſte ſa fraiſcheur,
La Naiade leur verſe à boire,
Toute l'eau prend de leur blancheur
L'eſclat d'vne couleur d'yuoire,
On void là ces nageurs ardents,
Dans les ondes qu'ils vont fendants
Faire la guerre aux Nereïdes,
Qui deuant leur teint mieux vny,
Cachent leur viſage terny
Et leur front tout coupé de rides.

VII.

Or enſemble, ores diſperſez,
Ils brillent dans ce creſpe ſombre,
Et ſous les flots qu'ils ont perſez
Laiſſent eſuanoüir leur ombre,
Par fois dans vne claire nuit,
Qui du feu de leurs yeux reluit
Sans aucun ombrage de nuës,
Diane quitte ſon Berger
Et s'en va là dedans nager,
Auecques ſes eſtoilles nuës.

VIII.

Les Ondes qui leur font l'amour,
Se refrifent fur leurs efpaules,
Et font danfer tout à l'entour
L'ombre des rofeaux & des faules;
Le Dieu de l'eau tout furieux
Hauffé pour regarder leur yeux,
Et leur poil qui flotte fur l'onde,
Du premier qu'il void approcher,
Penfe veoir ce ieune cocher,
Qui fit iadis brufler le monde,

IX.

Et ce pauure amant langoureux,
Dont le feu toufiours fe rallume,
Et de qui les foins amoureux
Ont fait ainfi blanchir la plume;
Ce beau Cygne à qui Phaëton
Laiffa ce lamentable ton,
Tefmoin d'vn amitié fi faincte,
Sur le dos fon aifle efleuant
Met fes voilles blanches au vent,
Pour chercher l'obiect de fa plainte.

X.

Ainſi pour flater ſon ennuy,
Il demande au Dieu Melicerte,
Si chacun Dieu n'eſt pas celuy
Dont il ſouſpire tant la perte,
Et contemplant de tous coſtez,
La ſemblance de leur beautez,
Il ſent renouueller ſa flame,
Errant auec des faux plaiſirs
Sur les traces des vieux deſirs,
Que conſerue encor ſon ame.

X I.

Touſiours ce furieux deſſein,
Entretient ſes bleſſeures fraiſches,
Et fait venir contre ſon ſein
L'air bruſlant & les ondes ſeches,
Ces attraits empreints là dedans
Comme auec des flambeaux ardans,
Luy rendent la peau toute noire,
Ainſi dedans comme dehors,
Il luy tient l'eſprit & le corps
La voix, les yeux, & la memoire.

ODE IIII.

CHaste oyseau que ton amitié,
Fut malheureusement suiuie,
Sa mort est digne de pitié
Comme ta foy digne d'enuie;
Que ce precipité tombeau,
Qui t'en laissa l'obiect si beau,
Fut cruel à tes destinees,
Si la mort l'eut laissé vieillir,
Tes passions alloient faillir,
Car tout s'esteind par les annees.

II.

Mais quoy ! le sort à des reuers,
Et certains mouuements de haine,
Qui demeurent tousiours couuerts
Aux yeux de la prudence humaine,
Si pour fuir ce repentir,
Ton iugement eut peu sentir,
Le iour qui vous deuoit desioindre,
Tu n'eusse iamais veu ce iour,
Et iamais le trait de l'amour
Ne se fut meslé de te poindre.

III.

Pour auoir aymé ce garçon,
Encor apres la sepulture,
Ne crain pas le mauuais soupçon
Qui peut blasmer ton aduanture,
Les courages des vertueux,
Peuuent d'vn vœu respectueux,
Aymer toutes beautez sans crime,
Comme donnant à tes amours,
Ce chaste & ce commun discours
Mon cœur n'a point passé ma rime.

IIII.

Certains Critiques curieux,
En trouuent les mœurs offencees,
Mais leur soupçons iniurieux
Sont les crimes de leur pensees,
Le dessein de la chasteté,
Prend vne honneste liberté,
Et franchit les sottes limites,
Que prescriuent des imposteurs,
Qui sous des robbes de Docteurs,
Ont des ames de Sodomites.

V.

Le Ciel nous donne la beauté,
Pour vne marque de sa grace,
C'est par où sa diuinité
Marque tousiours vn peu sa trace,
Touts les obiets les mieux formez,
Doiuent estre les mieux aymez,
Si ce n'est qu'vne ame maline,
Esclaue d'vn corps vicieux,
Combatte les faueurs des Cieux
Et demente son origine.

VI.

O que le desir aueuglé,
Où l'ame du brutal aspire,
Est loin du mouuement reglé
Dont le cœur vertueux souspire,
Que ce feu que nature a mis,
Dans le cœur de deux vrais amis,
A des rauissements estranges,
Nature a fondé cest amour,
Ainsi les yeux ayment le iour
Ainsi le Ciel ayme les Anges.

Ainsi

VII.

Ainsi malgré ces traistres bruits,
Et leur imposture cruelle,
Thyrsis & moy goustons les fruits
D'une amitié chaste & fidelle,
Rien ne separe nos desirs,
Ny nos ennuis, ny nos plaisirs,
Nos influences enlassees
S'estreignent d'un mesme lien,
Et mes sentimens ne sont rien
Que le miroir de ses pensees.

VIII.

Certains feux de diuinité,
Qu'on nommoit autresfois Genies
D'une inuisible affinité
Tiennent nos fortunes unies,
Quelque visage differant,
Quelques diuers sort apparent,
Qui se lise en nos aduantures,
Sa raison & son amitié,
Prennent auiourd'huy la moitié,
De ma honte & de mes iniures.

D

IX.

Lors que d'vn si subit effroy
Les plus noirs enfans de l'enuie,
Au milieu des faueurs du Roy,
Oserent menacer ma vie,
Et que pour me voir opprimé,
Le Parlement mesme animé
Des rapports de la calomnie,
Sans pitié me vit combattu
De la secrette tyrannie
Des ennemis de ma vertu.

X.

Thyrsis auecques trop de foy
M'assura comme il est vnique
A qui l'Astre luisant sur moy,
De tous mes destins communique;
Il n'eust pas disposé son cours
A commencer les tristes iours,
Dont ie souffre encore l'orage,
Qu'il s'en vint sous vn froid sommeil
De tout ce funeste appareil,
A Damon faire voir l'image.

XI.

Thyrsis outré de mes douleurs,
Me redit ce songe effroyable,
Qu'vn long train de tant de malheurs
Rendent d'oresnauant aymables,
D'vn long souspir, qui deuança
La premiere voix qu'il poussa
Pour predire mon aduanture;
Ie sentis mon sang se geler,
Et comme autour de moy voler
L'ombre de ma douleur future.

ODE V.

Damon, dit-il, i'estois au lit
Goustãt ce que les nuits no° versẽt,
Lors que le somme enseuelit
Les soins du iour qui nous trauersent
Au milieu d'vn profond repos,
Où nul regard ny nul propos
N'abusoit de ma fantasie,
Vne froide & noire vapeur
Me transit l'ame d'vne peur,
Qui la tient encore saisie.

D ij

I I.

Iamais que lors noſtre amitié
N'auoit mis mon cœur à la geſne,
Tu me fis lors plus de pitié,
Que Phyllis ne me fait de peine,
Ceſt effroyable ſouuenir
Me vient encore entretenir,
Et me redonne les alarmes
Du ſpeſtacle plus ennemy,
Qui iamais d'vn œil endormy
A peu faire couler des larmes.

I I I.

Ie ne ſçay ſi le feu d'amour,
Qui n'abandonne point mon ame,
Au deffaut des rayons du iour
Ouurit lors mes yeux de ſa flame;
Combien que dans ce froid ſommeil
La viſible ardeur du Soleil
Se fut du tout eſuanoüie,
Ie creus qu'en ceſte fiſtion
I'auois libre la funſtion
De ma veuë & de mon ouye.

IV.

Vn grand fantofme foufterrain
Sortant de l'infernalle foffe,
Enroüe comme de l'airain,
Où rouleroit vne carroffe,
D'vn abord qui me menaçoit,
Et d'vn regard qui me bleffoit,
Dreffant vers moy fes pas funebres,
Fier des commißions du fort
Me dit trois fois, Damon eft mort;
Puis fe perdit dans les tenebres.

V.

Sans doute que leur veritez
plus puiffantes que leur menfonges,
Touchent plus fort nos facultez,
Et nous impriment mieux les fonges,
Ie retins fi bien fes accens,
Et fon image dans mes fens
Demeura tellement empreinte,
Que ton corps mort entre mes bras,
Et ton fang verfé dans mes dras,
Ne m'euffent pas fait plus de crainte.

VI.

Apres d'vne autre illusion
Reflechissant sur ma pensee,
Et songeant à la vision,
Qui s'estoit fraischement passee;
Ie songeois qu'encore on doutoit
En quel estat Damon estoit,
Et comme au fort de la lumiere,
Où les obiets sont esclaircis,
Ie condamnois les faux soucis,
De mon illusion premiere.

VII.

Mais dans ce doute vn messager,
Qui portoit les couleurs des Parques,
Me vint de ce fatal danger
Rafraischir les funestes marques,
Vn garçon habillé de dueil,
Qui sembloit sortir du cercueil,
Ouvrant les rideaux de ma couche,
Me crie: On a tué Damon;
Mais d'vn accent que le Demon
N'auoit pas esté plus farouche.

VIII.

Morphee à ce second assaut,
Ostant ses fers à ma paupiere
Me resueilla tout en sursaut,
Et me laissa voir la lumiere;
Ie me leuay deshabillé
Plus transi, plus froid, plus moüillé,
Que si i'estois sorty de l'onde;
C'estoit au poinct que l'Occident
Laisse sortir le char ardant,
Où roule le flambeau du monde.

IX.

Cherchant du soulas par mes yeux,
Ie mets la teste à la fenestre,
Et regarde vn peu dans les Cieux
Le iour qui ne faisoit que naistre;
Et combien que ce songe là
Dans mon sang que la peur gela,
Laissast encore ses images,
Ie me rasseure & me rendors
Croyant que les vapeurs du corps,
Auoient enfanté ces nuages.

X.

Le sommeil ne m'eut pas repris,
Que songeant encore à ta vie
Tu vins r'asseurer mes esprits
Qu'on ne te l'auoit point rauie,
Il est vray, Thyrsis, me dis tu,
Qu'on en veut bien à ma vertu,
Là ie te vis dans vne esmeute,
Auancer l'espee à la main
Vers vn portail qui cheut soudain
Et qui t'accabla de sa cheute.

XI.

De là ce songe en mon cerueau,
Poursuiuant tousiours son idee,
Ie te vis suiure en vn tombeau
Par vne foulle desbordee,
Les iuges y tenoient leur rang,
L'vn d'entr'eux espancha du sang,
Qui me iaillit contre la face,
Là tout mon songe s'acheua,
Et ton pauure amy se leua
Noyé d'vne sueur de glace.

Cher

XII.

Cher Thyrsis lors que mon esprit
D'vne souuenance importune
Repense au destein qui t'apprit
Les secrets de mon infortune,
Lors que ie suis le moins troublé
Tout mon espoir est accablé
De la tempeste ineuitable,
Dont me bat le courroux diuin,
Et voicy comment son deuin
A rendu ta voix veritable.

XIII.

Ce songe du fatal secret,
Où ma premiere mort fut peinte
Predisoit le cruel decret,
Dont ma liberté fust esteinte,
Ce garçon aux vestemens noirs,
Qui sembloit sortir des manoirs,
Qui ne s'ouurent qu'à la magie,
Lors qu'il parla de mon tombeau
Predisoit l'inffame flambeau,
Qui consumma mon effigie.

E

XIV.

Thyrsis encore à l'autre fois,
Que ceste vision suiuie
Par mes regards, & par ma voix
L'asseura que i'estois en vie,
Se doit assez ressouuenir
Du soucy qui le fit venir,
Où i'auois commencé ma fuite,
Lors que sa voix moins que ses pleurs
Me dit ce songe de malheurs,
Dont i'attens encore la suite.

XV.

Ce songe auec autant de foy
Luy fit voir l'espee & la porte,
Et le peuple à l'entour de moy,
Comme d'vne personne morte,
Quand mes foibles bras alarmez
A cinquante voleurs armez
Voulurent presenter l'espee,
Ie cheus sous vn portail ouuert,
Et fus saisi dans le couuert,
Où ma bonne foy fut trompee.

XVI.

Soudain le sieur de Commartin,
Qui portoit des habits funebres,
Me fit serrer à sainct Quentin
Entre les fers & les tenebres;
Depuis tousiours tout enchaisné
Soixante Archers m'ont amené
Par les bruits de la populace
Dedans ce tenebreux m'anoir,
Où ce sang & les iuges noirs
M'auoient des-ja marqué la place.

ODE VI.

Ainsi prophetisa Thyrsis
Les malheurs que toute vne annee
Par des accidens si precis
A fait choir sur ma destinee,
La furie de mon destin
Luy parut au mesme matin,
Qu'elle respandit sa bruine,
Car le Decret du Parlement
Se donnoit au mesme moment,
Que Thyrsis songeoit ma ruine.

II.

Mon innocence & ma raison
Pour eschapper à leur cholere,
Appellerent de ma prison
A l'Autel d'vn Dieu tutelaire,
C'est où ie trouuay mon support,
C'est où Thyrsis courut d'abort
Predire & consoler ma peine,
Nous estions lors tous deux couuerts
De ces arbres pour qui mes vers
Ouurent si iustement ma vene.

III.

Nous estions dans vn cabinet
Enceint de fontaines & d'arbres,
Son meuble est si clair & si net,
Que l'esmail est moins que les marbres;
Celuy qui l'a fait si polly
Semble auoir iadis demoly
Le grand Palais de la lumiere,
Et pillant son riche pourpris
De tout ce glorieux debris,
Auoir là porté la matiere.

IV.

Pour conseruer son ornement
Le Soleil le laue & l'essuye,
Car c'est le Soleil seulement,
Qui fait le beau temps & la pluye,
Flore y met tant de belles fleurs,
Que l'Aurore ne peut sans pleurs
Voir leur esclat qui la surmonte,
C'est à cause de cet affront,
Qu'elle monstre si peu son front,
Et qu'on la void rougir de honte.

V.

L'odeur de ces fleurs passeroit
Le musc de Rome & de Castille,
Et la terre s'offenseroit
Qu'on y bruslast de la pastille,
Le garçon qui se consumma
Dans les ondes qu'il alluma,
Void la touts ses appas renaistre,
Et rauy d'vn obiet si beau,
Il admire que son tombeau
Luy conserue encore son estre.

VI.

La Nymphe qui luy fait la cour
Le voit là tous les ans reuiure,
Car son opiniastre amour
L'a constraint encore à le suiure,
Là le ciel semble auoir pitié
Dés longs maux de son amitié,
Et permet par fois au Zephyre
De la mener à son amant,
Qui respire insensiblement
L'air des flames qu'elle souspire.

VII.

Echo dedans vn si beau feu
Ialouse que le ciel la voye,
Est inuisible & parle peu
De respect, de honte & de ioye;
Ainsi mes esprits transportez
Se trouuent touts desconcertez,
Quand vne beauté me regarde,
Et mon discours le moins suspect
Trouue tousiours ou le respect,
Ou la honte qui le retarde.

VIII.

Quand ie vois partir les regards
Des superbes yeux de Caliste,
Qui sont autant de coups de dards,
Où nulle qu'elle ne resiste,
Le tesmoin le plus asseuré,
Qui de mon esprit esgaré
Monstre la passion confuse,
C'est que ie ne sçaurois comment
Le prier d'vn mot seulement,
Que sa voix ne me le refuse.

IX.

Ie suiurois l'importun desir,
Qui m'en parle tousiours dans l'ame,
Et prendrois icy le loisir
De parler vn peu de ma flamme
Mais l'entreprise du tableau,
Qui par vn cabinet si beau,
Commence à pourmener la Muse,
Me tient dans ce Parc enchanté
Où le Printemps le plus hasté,
Tousiours cinq ou six mois s'amuse.

X.

Quand le Ciel laſſé d'endurer,
Les inſolences de Boree
La conſtraint de ſe retirer,
Loin de la campagne azuree
Que les Zephyres r'appellez
Des ruiſſeaux à demy gelez
Ont rompu les eſcorces dures,
Et d'vn ſouffle vif & ſerain
Du Celeſte Palais d'airain,
Ont chaſſé toutes les ordures.

XI.

Les rayons du iour eſgarez,
Parmy des ombres incertaines,
Eſparpillent leur feux dorez
Deſſus l'azur de ces fontaines,
Son or dedans l'eau confondu
Auecques ce criſtal fondu,
Meſle ſon teint & ſa nature,
Et ſeme ſon eſclat mouuent,
Comme la branche au gré du vent
Efface & marque ſa peinture.

Zephyre

XII.

Zephyre ialoux du Soleil,
Qui paroiſt ſi beau ſur les ondes,
Trauerſe ainſi l'eſtat vermeil
De ſes alleures vagabondes;
Ainſi ces amoureux Zephyrs
De leurs nerfs qui ſont leurs ſouſpirs,
Renforçant leur ſecouſſes fraiſches,
Deſtournent touſiours ce flambeau,
Et pour cacher le front de l'eau
Iettent au moins des fueilles ſeches.

XIII.

L'eau qui fuit en les retardant
Orgueilleuſe de leur querelle
Rit, & s'eſchappe cependant
Qu'ils ſont à diſputer pour elle,
Et pour prix de tous leurs efforts,
Laiſſant les armes ſur les bords,
De ceſte fontaine ſuperbe,
Diſſipent toute leure chaleurs
A conſeruer l'eſtat des fleurs,
Et la molle fraiſcheur de l'herbe.

F.

XIV.

C'eſt où ſe couche Palemon,
Qui triomphe de leur maiſtreſſe,
Et plein d'eſcume & de limon,
Quand il veut reçoit ſa careſſe:
Ainſi n'agueres deux Bergers
Ont couru les ſanglants dangers,
Que l'honneur a mis à l'eſpee,
Et par un malheur mutuel
Laiſſent vainqueur de leur duel
Vn vilain qui pleut à Napee.

ODE VII.

LE plus ſuperbe ameublement,
Dont le ſeiour des Rois eſclate,
L'or ſemé prodigallement
Sur la ſoye & ſur l'eſcarlatte,
N'eurent iamais rien de pareil
Aux teintures, dont le Soleil
Couure les petits flots de verre,
Qu'elle couleur peut plaire mieux
Que celle qui contraint les Cieux
De faire l'amour à la terre?

II.

Ce Cabinet tousiours couuert
D'vne large & haute tenture,
Prend son ameublement tout verd
Des propres mains de la nature,
D'elle, de qui le iuste soin,
Estend ses charitez si loin,
Et dont la richesse feconde,
Paroist si claire en chaque lieu,
Que la prouidence de Dieu
L'establit pour nourrir le monde.

III.

Touts les bleds elle les produit
Le sep ne vit que de sa force,
Elle en fait le pampre & le fruit,
Et les racines & l'escorce,
Elle donne le mouuement,
Et le siege à chaque Element,
Et selon que Dieu l'authorise,
Nostre destin pend de ses mains,
Et l'influence des humains,
Ou leur nuict ou les fauorise.

IIII.

Elle a mis toute sa bonté,
Et son sçauoir & sa richesse,
Et les thresors de sa beauté
Sur le Duc & sur la Duchesse;
Elle a fait les heureux accords,
Qui ioignent leur ame & leur corps;
Bref, c'est elle aussi qui marie
Les Zephyres auec nos fleurs,
Et qui fait de tant de couleurs
Touts les ans leur tapisserie.

V.

Auec les naturels appas,
Dont ce beau cabinet se pare,
La musique ne manque pas
D'y fournir ce qu'elle a de rare,
Ces chantres si tost esueillez,
Qui dorment tousiours habillez,
Quand l'Aurore les vient semondre,
Luy donnent vn si doux salut,
Que Sainct Amant auec son lut.
Auroit peine de les confondre.

VI.

Quand la Princesse y fait seiour,
Ces oyseaux pensent que l'Aurore
A dessein d'y tenir sa cour,
A quitté les riues du More,
Vn sainct desir de l'approcher
Les anime, & les fait pancher
Des branches qui luy font ombrage,
Et deuant ses diuinitez
Leur innocentes libertez
Ne craignent rien qui les outrage.

VII.

Leurs cœurs se laissent derrober,
Insensiblement ils s'oublient,
Et des rameaux qu'ils font courber
Quelquesfois leurs pieds se deslient,
Leur petit corps precipité
Se fie en la legereté
De la plume qui le retarde,
Ils planent sur leurs eslerons
Et voletent aux enuirons
De Siluie qui les regarde.

VIII.

Quand elle escoute leurs chansons,
Leur vaine langue s'estudie,
A reciter quelques leçons,
De leur plus douce melodie,
Chacun d'eux se trouue rauy
Ils estallent touts à l'enuy
Leur thresor caché sous la plume,
Et ces remedes si plaisans
Qui des soucis les plus cuisans
Destrempent toute l'amertume.

IX.

Comme les Chantres quelques fois,
D'vne complaisance ignorante,
Mignardent & l'œil & la voix
Deuant les beaux yeux d'Amarante,
Leur plaisir & leur vanité,
Fait qu'auec importunité,
Ils nous prodiguent leurs merueilles,
Et qu'ils chantent si longuement,
Que leur concert le plus charmant
Lasse l'esprit & les oreilles.

X.

Ainſi l'entretien d'vn rimeur,
Enflé des arts & des ſciences,
Lors qu'il ſe trouue en bonne humeur
Vient à bout de nos patiences
Et ſans qu'on puiſſe rebuter
Ceſt inſtinct de perſecuter,
Que leur inſpire le Genie,
Il faut à force de parler,
Que leur poulmon las de ſouffler
Faſſe paix à la compagnie.

XI.

Ainſi ces oyſeaux s'attachants,
Au deſſein de plaire a Siluie,
Dans les longs efforts de leur chants
Semblent vouloir laiſſer la vie
Leur gozier ſans ceſſe mouuant,
Eſtourdit les eaux & le vent
Et vaincu de ſa violence,
Quoy qu'il vueille ſe retenir
Il peut à peine reuenir
A la liberté du ſilence.

XII.

Comme ils taschent à qui mieux mieux,
De faire agreer leur hommage
Leur zele rend presque odieux
Le tumulte de leur ramage,
Leur bruit est ce bruit de Paris
Lors qu'vne voix de tant de cris
Benit le Roy parmy les ruës,
Qu'on le fasche en le benissant,
Et l'air esclatte d'vn accent
Qui semble auoir creué les nuës.

ODE VIII.

SVr touts le Roßignol outré,
Dans son ame encore alteree,
N'a iamais peu dire à son gré
Les affronts que luy fit Teree
Ses poulmons sans cesse enflammez,
Sont ses vieux souspirs r'animez
Et ce peu d'esprit qui luy reste
N'est qu'vn souuenir eternel,
De maudire son criminel,
Et l'appeller tousiours inceste.

Ce petit

II.

Ce petit oyseau tout panché
Où la Princesse se presente,
Craint d'auoir le gosier bouché,
Le bec clos, la langue pesante,
Et cependant qu'il peut iouyr
Du bon-heur de se faire ouyr,
Luy raconte son aduanture,
Et gazoüille soir & matin
Sur les caprices du destin
Qui luy fit changer de Nature.

III.

Il a de si diuers accez
Dans le long recit de sa honte,
Qu'on aura finy mon procez
Quand il aura finy son conte :
Les morts gisans sous Pelion
Toutes les cendres d'Ilion
N'ont point donné tant de matiere,
De faire des plaintes aux Cieux
Que cest oyseau malicieux
En vomit sur son Cimetiere.

G

IIII.

Ce plaisir reste à son mal-heur
Que sa voix qui daigne le suiure,
A fin de venger sa douleur
La fait continuer de viure,
Il ne fait pas bon irriter
Celuy qui sçait si bien chanter :
Car l'artifice de l'enuie
Ne sçauroit trouuer vn tombeau,
D'où son esprit tousiours plus beau
Ne reuienne encore à la vie.

V.

La cendre de son monument
Malgré les races ennemies,
Fait reuiure eternellement
Son merite & leurs infamies,
Les vers flateurs & mesdisans
Trouuent tousiours des partisans :
Le pinceau d'vn faiseur de rimes,
S'il est adroit aux fictions,
Aux plus sinceres actions
Sçait donner la couleur des crimes.

VI.

Dieux que c'eſt vn contentement
Bien doux à la raiſon humaine,
Que d'exhaler ſi doucement
La douleur que nous fait la haine :
Vn brutal qu'on va pourſuiuant
Dans des ſouſpirs d'air & de vent,
Cherche vne honteuſe allegeance,
Mais la douleur des bons eſprits
Qui laiſſe des ſouſpirs eſcrits
Guerit auecques la vengeance.

VII.

Auiourd'huy dans les durs ſoucis
Du mal-heur qui me bat ſans ceſſe,
Si mes ſens n'eſtoient adoucis
Par le reſpect de la Princeſſe :
J'eſcrirois auecques du fiel
Les aduerſitez dont le Ciel
Souffre que les meſchans me troublent,
Et quand mes maux m'acableroient,
Mes iniures redoubleroient
Comme leur cruautez redoublent.

VIII.

Peut-estre les sanglants autheurs
De tant & de si longs outrages,
Ces infames persecuteurs
Verront mourir leurs vieilles rages,
Et si ma fortune à son tour
Permet que ie me venge vn iour :
N'ay-ie point vne ancre assez noire
Et dans ma plume assez de traicts,
Pour les peindre dans ces portraits
Qui font horreur à la memoire ?

IX.

Mais icy mes vers glorieux
D'vn obiect plus beau ques les Anges,
Laissent ce soin iniurieux
Pour s'occuper à des loüanges,
Puis que l'horreur de la prison
Nous laisse encore la raison ;
Muses laissons passer l'orage
Donnons plustost nostre entretien,
A loüer qui nous fait du bien
Qu'à maudire qui nous outrage.

X.

Et mon esprit voluptueux
Souuent pardonne par foiblesse,
Et comme font les vertueux
Ne s'aigrit que quand on le blesse,
Encore dans ces lieux d'horreur
Ie ne sçay quelle molle erreur,
Parmy tous ces obiects funebres
Me tire tousiours au plaisir,
Et mon œil qui suit mon desir
Void Chantilly dans ces tenebres.

XI.

Au trauers de ma noire tour
Mon ame a des rayons qui percent,
Dans ce Parc que les yeux du iour
Si difficillement trauersent,
Mes sens en ont tout le tableau,
Ie sens les fleurs au bord de l'eau,
Ie prens le frais qui les humecte,
La Princesse s'y vient asseoir
Ie voy comme elle y va le soir
Que le iour fuit & la respecte.

XII.

Les oyseaux n'y font plus de bruit
Le seul Roy de leur harmonie,
Qui touche vn lut en pleine nuict
Demeure en nostre compagnie,
Et laissant ces vieilles douleurs
Dans la lumiere & les chaleurs
Que la fuite du iour emporte,
Il concerte si sagement
Qu'il semble que le iugement
Luy forme des airs de la sorte.

ODE IX.

MOr qui chante soir & matin
Dans le cabinet de l'Aurore,
Où ie voy ce riche butin
Qu'elle prend au riuage More,
L'or, les perles, & les rubis
Dont ses flames & ses habits,
Ont iadis marqué la Cigalle,
Et tout ce superbe appareil
Qu'elle desroboit au Soleil
Pour se faire aymer à Cephale.

II.

Ie vis vn iour enseuelis
Deuant la Reyne d'Amathonte,
Tous les œillets & tous les lis
Que la terre cachoit de honte,
Car ie chantay l'himne du pris
Qui fit voir que deuant Cypris
Toute autre beauté comparee,
Si peu les siennes esgaloit,
Qu'vn enfant cogneust qu'il faloit
Luy donner la pomme doree.

III.

Tous les iours la Reyne des bois
Deuant mes yeux passe & repasse,
Et souuent pour ouyr ma voix
Se destourne vn peu de la chasse,
Souuent qu'elle se va baigner
Où rien ne l'ose accompagner
Que ses Dryades vagabondes,
I'ay tout seul ceste priuauté
De voir l'esclat de sa beauté
Dans l'habit de l'air & de l'onde.

IIII.

Mais i'atteſte l'air & les Cieux,
Dont ie tiens la voix & la vie,
Que mon iugement & mes yeux
Ayment mille fois mieux Siluie,
Vn de ſes regards ſeulement
Qui partent ſi nonchalament,
Donne à mes chanſons tant d'amorce
Et de ſi douces vanitez,
Que les autres diuinitez
N'en iouyſſent plus que de force.

V.

Si mes airs cent fois recitez
Comme l'ambition me preſſe,
Meſlent tant de diuerſitez
Aux chanſons que ie vous adreſſe,
C'eſt que ma voix cherche des traicts,
Pour vn chacun de vos attraits :
Mais c'eſt en vain qu'elle ſe picque
De ſatisfaire à tous mes vœux,
Car le moindre de vos cheueux
Peut tarir toute ma muſique.

Quand

VI.

Quand ma voix qui peut tout rauir
Reüſſiroit à vous complaire,
Le ſoin que i'ay de vous ſeruir
Taſche en vain de me ſatisfaire,
Ie croy que mes airs innocens
Au lieu d'auoir flatté vos ſens,
Leur ont donné de la triſteſſe
Et que mes accens enrouez
Au lieu de les auoir loüez:
Ont choqué leur delicateſſe.

VII.

Quand la nuiƈt vous oſte d'icy
Et que ſes ombres couſtumieres,
Laiſſent ce cabinet noircy
De l'abſence de vos lumieres,
Auſſi toſt i'oy que le Zephir
Me demande auec vn ſouſpir
Ce que vous eſtes deuenuë:
Et l'eau me dit en murmurant
Que ie ne ſuis qu'vn ignorant
De vous auoir ſi peu tenuë.

H

VIII.

O Zephires ! ô cheres eaux
Ne m'en imputez point l'iniure,
I'ay chanté tous les airs nouueaux
Que m'aprit autrefois Mercure :
Mais que ma voix doresnauant
N'aproche ny ruisseau ny vent,
Que l'air ne porte plus mes aisles,
Si dans le printemps auenir
Ie n'ay dequoy l'entretenir
De dix mille chansons nouuelles.

IX.

Ainsi finit ses tons charmeurs
L'oyseau dont le gosier mobile,
Soufle tousiours à nos humeurs
Dequoy faire mourir la bile,
Et bruslant apres son dessein
Il ramasse dedans son sein
Le doux charme des voix humaines,
La musique des instrumens
Et les paisibles roulemens
Du beau christal de nos fontaines.

X.

Comme en la terre & par le Ciel
Des petites mouches errantes,
Meslent pour composer leur miel
Mille matieres differentes,
Formant ses airs qui sont ses fruits,
L'oyseau digere mille bruits
En vne seule melodie,
Et selon le temps de sa voix
Tous les ans le Parc vne fois
Le reçoit & le congedie.

ODE X.

ROssignol c'est assez chanté
Ce parc est desormais trop sombre,
Ie trouue Appollon rebuté
D'escrire si long temps à l'ombre,
Ces lieux si beaux & si diuers
Meritent chacun tous les vers
Que ie dois à tout le volume
mais ie sens croistre mon subiect,
Et tousiours vn plus grand obiect
Se vient presenter à ma plume.

II.

Ie sçay qu'vn seul rayon du iour
Meriteroit toute ma peine,
Et que ce ces estancs d'alentour.
Pourroient bien engloutir ma vene,
Vne goutte d'eau, vne fleur,
Chaque feuille & chaque couleur.
Dont Nature a marqué ces marbres,
Merite tout vn liure à part
Aussi bien que chaque regard
Dont Siluie a touché ces arbres.

III.

Mais les Mirtes & les Lauriers
De tant de beautez de sa race,
Et de tant de fameux guerriers
Me demandent desia leur place,
Saincts Rameaux de Mars & d'Amour
En quel si reculé seiour,
Vous plaist-il que ie vous aporte?
C'est pour vous immortels ameaux
Que i'abandonne ces ormeaux
Et foule aux pieds leur feuille morte.

IIII.

Pour vous ie laisse auprés de moy
Vne loge aujourd'huy deserte,
Que jadis pour l'amour d'vn Roy
Ces arbres ont ainsi couuerte
Soubs ce toict loing des Courtisans
De qui les soubçons mesdisans
N'ont iamais apris à se taire,
Alcandre a mille fois gousté
Ce qu'vn Prince a de volupté
Quand il trouue vn lieu solitaire.

V.

Je dirois les secrets moments
Des faueurs, des feintes malices,
Dont le caprice des Amants
Forme leur plainte et leur delices:
Mais si l'œil de Siluie vn iour
De ceste lecture d'Amonr
Auoit surpris son innocence,
Ma prison me seroit trop peu,
Lors faudroit-il dresser le feu
Dont on veut punir ma licence.

VI.

Suiuant le vertueux sentier
Où mon juste dessein m'attire,
Ie laisse à gauche ce quartier,
Pour le Faune & pour le Satyre.
Or quelque si pressant dessein
Qui m'enflame auiourd'huy le sein,
Quelque vanité qui m'appelle,
Ce seroit vn peché mortel
Si ie ne visitois l'Autel,
Estant si prés de la Chappelle.

VII.

Que ces arbres sont bien ornez,
Je suis rauy quand ie contemple
Que ces promenoirs sont bornez
Des sacrez murs d'vn petit Temple,
Icy loge le Roy des Roys,
C'est ce Dieu qui porta la Croix,
Et qui fit à ces bois funebres
Attacher ses pieds & ses mains
Pour deliurer tous les humains
Du feu qui vit dans les tenebres.

VIII.

Son Esprit par tout se mouuant,
Fait tout viure & mourir au monde,
Il arreste & pousse le vent,
Et le flux & reflux de l'onde;
Il oste & donne le sommeil,
Il monstre & cache le Soleil,
Nostre force & nostre industrie
Sont de l'ouurage de ses mains,
Et c'est de luy que les humains
Tiennent race, & biens & patrie.

XI.

Il a fait le Tout du néant,
Tous les Anges luy font hommage,
Et le Nain comme le Geant
Porte sa glorieuse Image :
Il fait au corps de l'Vniuers
Et le sexe & l'aage diuers;
Deuant luy c'est vne peinture
Que le Ciel & chaque Element,
Il peut d'vn trait d'œil seulement
Effacer toute la Nature.

X.

Tous les siecles luy sont presents,
Et sa grandeur non mesuree
Fait des minutes & des ans,
Mesme trace, & mesme duree,
Son Esprit par tout épandu,
Iusqu'en nos ames descendu,
Void naistre toutes nos pensees,
Mesme en dormant nos visions
N'ont iamais eu d'illusions
Qu'il n'ait auparauant tracees.

XI.

Icy Muses à deux genoux,
Implorons sa diuine grace,
D'imprimer tousiours deuant nous
Les marques d'vne heureuse trace:
C'est elle qui nous doit guider,
Depuis celuy qui vint fonder
La premiere Croix dans la France,
Iusqu'à sa Race qui promet
De la planter chez Mahomet,
Auec la pointe de sa lance.

XII.

C'est où mon esprit enchaisné
Goustera par vn long estude
L'aise que prend mon cœur bien né
Quand il combat l'ingratitude,
Et si i'ay bien loüé les eaux,
Les ombres, les fleurs, les oiseaux,
Qui ne songent point à me plaire:
Lisis qui songe à mon ennuy
Verra sur sa race & sur luy
Ma recognoissance exemplaire.

XIII.

Il faudroit que ce deuancier,
Le plus vieux que ie veux produire,
Eust bien enroüillé son acier
Si ie ne le faisois reluire:
Mais les liures & les discours
Ont si bien conserué le cours
De ceste veritable gloire,
Que ie feray de mauuais vers,
Si vos tiltres les plus couuerts
Ne font éclat en la memoire.

FIN.